RACHEL ASHWELL

RACHEL ASHWELL
Couture PRAIRIE

DER TRAUM VON EINEM B&B

FOTOS VON AMY NEUNSINGER

BUSSECOLLECTION

Originalausgabe:
Rachel Ashwell Couture Prairie
erschienen 2013 bei CICO Books, London
Text © Rachel Ashwell, 2013
Design und Fotos © CICO Books 2013
ISBN 978 1 78249 043 2

Deutsche Ausgabe:
© Busse Verlag GmbH, Bielefeld 2014
Übersetzung: Wiebke Krabbe, Damlos
Druckvorstufe: L & L Fotosatz GmbH,
Hiddenhausen
Printed in China
ISBN 978-3-512-04036-8

www.bussecollection.de

Inhalt

6 Vorwort

12 Liliput Lodge

44 Drei kleine Häuschen in The Prairie

70 Meadow Manor

88 Rangers Lounge

106 The Pearl Barn

116 Verborgene Schätze

124 Zauberhafte Momente

160 In Würde gealtert und nicht zu perfekt

190 Adressen

191 Register

192 Dank

Vorwort

Mein Faible für Texas habe ich vor vielen Jahren während meiner jährlichen Rundreise zu den Round-Top-Antikmärkten entdeckt. Ich erbeutete allerlei Schätze und fand endlich auch ein Zuhause für meine geliebten Cowboystiefel, Jeans und die Poesie der Country-Musik. Mein romantischer, weicher Einrichtungsstil hatte sein stimmiges Gegenstück in der rauen, charaktervollen und wunderschönen texanischen Landschaft gefunden.

Kurz entschlossen

Ich bin oft gefragt worden: »Warum ein B&B in Texas?« Lassen Sie mich das erzählen. Wie jedes Jahr unternahm ich meine dreiwöchige Reise zur Round-Top Antikmesse und den Flohmärkten, um Inspirationen für meine Arbeit als Designerin zu finden und außergewöhnliche Stücke für meine Läden einzukaufen. Ich übernachtete wieder einmal in The Outpost in Cedar Creek, dem wunderbar ruhigen, rustikalen B&B von Lenore Prudhomme. Sie führte das Haus in typisch texanischer Gastfreundschaft zusammen mit Danny Riebeling, der unter anderem für sein großartiges Frühstück berühmt ist. Das Haus stand seit einiger Zeit zum Verlauf, und eines Morgens – nach einer Tasse Tee und einem Gebet – kaufte ich es kurzerhand.

Bis zur Beurkundung war mir mulmig zumute, aber gleichzeitig war ich erfüllt von dem Wunsch, das liebevoll hergerichtete The Outpost zu einem Dörfchen zu erweitern, einem Ort der Inspiration und Kreativität, an dem die Gäste schöne Dinge einkaufen können, besondere Ereignisse feiern oder einfach eine Auszeit nehmen. So wurde The Prairie by Rachel Ashwell geboren.

The Outpost wird The Prairie

Das Bauernhaus, das um die Mitte des 18. Jahrhunderts von dem deutschamerikanischen Paar Otto und Hedwig Meyer erbaut worden war, liegt mit seinen Scheunen und Nebengebäuden auf einem schönen Gelände von 18 Hektar Größe. Lenore hatte das Anwesen von der Urenkelin der Erbauer

Links: Am Ende der langen Kies-Einfahrt in The Prairie steht ebenso stolz wie bescheiden die Liliput Lodge.

gekauft und zusammen mit Danny 12 Jahre lang in mühevoller Arbeit authentisch und mit Liebe zum Detail restauriert. Der Preis war günstig, aber wichtiger war, dass Lenore und Danny das Anwesen liebten und dort lebten. Danny hat einen großen Anteil am Erfolg. Er kennt jede Pflanze auf dem Gelände, jeden Nagel und jedes nächtliche Knarren des Gebälks. Ohne Danny würde es The Prairie wahrscheinlich nicht geben.

Gemeinsam mit einigen Freunden, die meine Entscheidung nicht völlig verrückt fanden, begann die Verwandlung von The Outpost in The Prairie. Ich versuchte, die authentische Kultur und Geschichte von Texas mit dem Wesentlichen meines Stils – Schönheit, Behaglichkeit und Zweckmäßigkeit – in Einklang zu bringen. Danny versteht meine Vision, unterstützt mich und gibt mir immer neue Denkanstöße.

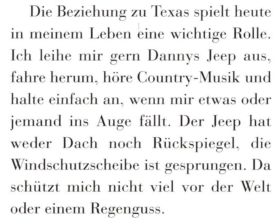

Die Beziehung zu Texas spielt heute in meinem Leben eine wichtige Rolle. Ich leihe mir gern Dannys Jeep aus, fahre herum, höre Country-Musik und halte einfach an, wenn mir etwas oder jemand ins Auge fällt. Der Jeep hat weder Dach noch Rückspiegel, die Windschutzscheibe ist gesprungen. Da schützt mich nicht viel vor der Welt oder einem Regenguss.

Wohnen und Leben in meinem Stil
Es ist schon lange mein Traum, ein kleines Hotel zu besitzen. Ich hatte erwogen, ein Stadthotel einzurichten, oder vielleicht auch ein B&B irgendwo auf dem Land in England. Und nun verwirkliche ich diesen Traum in Texas. The Prairie ist für mich der Ort, an dem ich die Werte, die hinter meiner Ästhetik stehen, teilen kann. Meine Gäste können sich in gemütliche Sofas sinken lassen, in weichen Betten übernachten, leckere Mahlzeiten von hübschem Vintage-Geschirr genießen und ein paar Tage in meiner Farbwelt verbringen, umgeben von herrlicher Natur. Im Lauf der Jahre haben immer mehr Menschen begonnen, alte Schätze zu mögen und ihren Wert zu verstehen. Ob Gerätschaften, Möbel oder Textilien – die Freude am Einzigartigen aus vergangener Zeit hat zugenommen. Manchmal liegt es am günstigen Preis, aber meist geht es darum, etwas Außergewöhnliches zu besitzen, das dennoch problemlos zu Dingen passt, die die Menschen schon besitzen. Die sorgsam zusammengestellte Einrichtung von The Prairie ist dafür ein lebendiges Beispiel. Ich hoffe, dass ein Aufenthalt in The Prairie für meine Gäste ein wunderbares Erlebnis ist. Für mich ist es ein Ort, an dem ich leben und wachsen kann, Inspirationsquelle für mein Design und meine Arbeit.

Gegenüber und diese Seite: *Die Weite der texanischen Landschaft ist ein stimmiges Gegenstück für die typischen Elemente meines Stils: Pastellfarben, Rüschen, Vintage-Geschirr und Flohmarktschätze.*

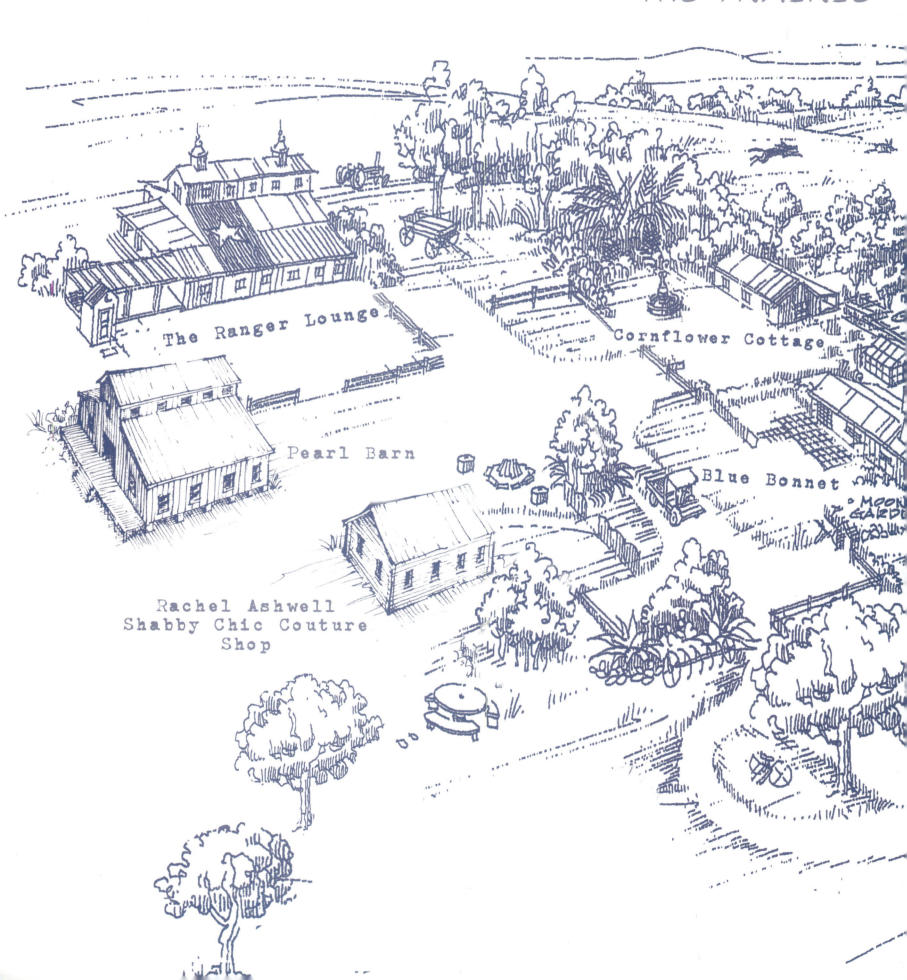

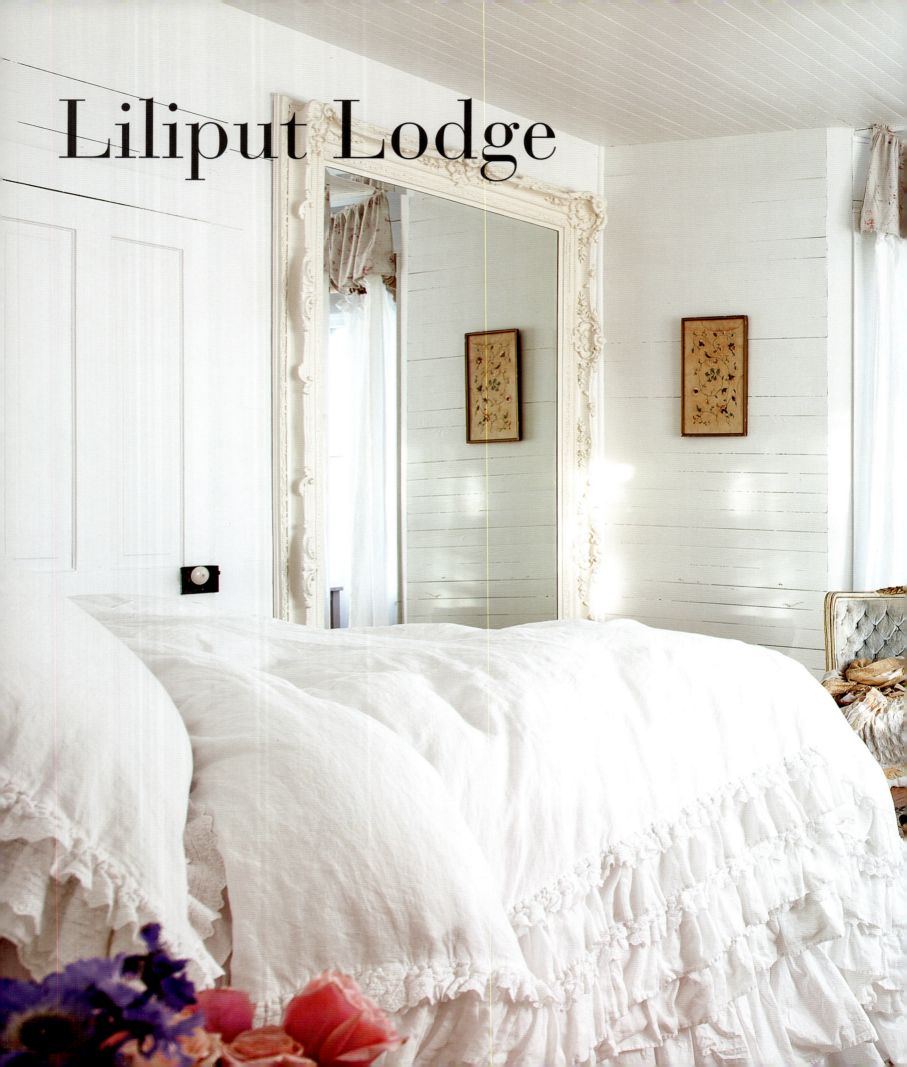
Liliput Lodge

Das ursprüngliche Wohnhaus erhebt sich stattlich auf dem 18 Hektar großen Gelände von The Prairie. Das schön proportionierte Farmhaus wurde um die Mitte des 18. Jahrhunderts erbaut und hat alles, was man sich von einem Haus in der Prärie wünscht: eine große Veranda, holzvertäfelte Wände, witzige und praktische Nischen und Fenster in allen Größen, durch die Licht und Luft hereinkommen.

Das Gebäude ist texanisch-praktisch – romantisch und bodenständig zugleich. Die Treppen sind steil und schmal, denn früher waren die Leute etwas kleiner. Flache Einbauschränke, in den Täfelungen der Flure kaum zu erkennen, dienten während der Prohibition zum Verstecken von Schnapsflaschen, und auf die abgetretenen Bodendielen des Eingangsflurs hat ein früher Bewohner voller Patriotismus den Texas Lone Star gemalt.

Das Haus besitzt eine charmante Bescheidenheit, doch wenn ich vom Balkon im Obergeschoss auf die lange, staubige Einfahrt schaue und mir die Pferde und Wagen vergangener Zeiten vorstelle, beschleichen mich auch herrschaftliche Gefühle. Ich habe das Haus ganz in meinem Stil eingerichtet – mit blassen Farben und dezentem Prunk – aber hier und dort auch dunklere, kräftigere Farben gewählt, weil sie dem Haus so gut zu Gesicht stehen.

Vorige Seiten: *Die Seabury Suite in der Liliput Lodge ist besonders gefragt – vielleicht weil man sich dort fühlt wie in der sinnlich-glamourösen Kulisse aus »Vom Winde verweht«.*

Oben links, oben und rechts: *Aus der einladenden Eingangsdiele der Liliput Lodge gelangt man in die liebenswerten Zimmer. Verblichene Rosen auf einem abgewetzten Tisch begrüßen die Gäste, und das unerwartete Ballkleid ist eine charmante Überraschung.*

Links: *Dies ist das nobleste Zimmer, das wegen seiner geringen Größe dennoch bescheiden wirkt. Als ich das Haus kaufte, waren die Wände grasgrün mit roten Schablonen-Blumen. Ich entschuldigte mich in Gedanken beim Haus, als ich sie weiß überstreichen ließ. Doch nun schimmern einige wie rosa Geister durch die weiße Farbe: Vergangenheit und Gegenwart sind versöhnt.*

Rechts: *Ich liebe Rittersporn, der trotz seiner stattlichen Größe mit seinen vielen seidigen Blütenblättern romantisch wirkt. Am Fenster hängen traditionelle Chintzvorhänge, an einer anderen Wand das Reh Mary, ein Relikt aus der Vergangenheit, mit einem Kopfputz aus Seidenblumen.*

Oben: *In der kleinen Bibliothek liegt Lesestoff für die Gäste bereit.*

Vorige Seiten: *Das Esszimmer mit den zweifarbigen Wänden ist mit einem verblichenen türkischen Teppich und bequemen Stühlen mit Leinenhussen ausgestattet. Das Stillleben aus dem vergoldeten Spiegel und dem »Malen nach Zahlen«-Pferdeporträt vereint Glamour und Normalität.*

Oben links, oben und rechts: *Ich habe eine Schwäche für Geschirr mit verschiedenen Mustern in Blautönen. Auf der Tischdecke mit Hufeisen und Sternen wirkt es schön zwanglos.*

Obwohl ich viele Jahre als Gast hierhergekommen war, entschied ich mich doch sehr spontan zum Kauf. Als neue Besitzerin kam ich an einem trüben Januartag hierher und begriff mit Schrecken, dass ich ein Haus erworben hatte, zu dem ein Wagenrad als Kronleuchter passte. Als ich mich gefangen hatte, entwickelte sich das Wagenrad vom größten Schrecken zum neuen Ideengeber. Ich bezog die Wagenräder kurzerhand in meinen Stil ein, indem ich sie mit Blümchen-Lampenschirmen garnierte und mit Bindfaden kleine Blumensträußchen festband. So wurden sie zum Teil der Prärie-Ästhetik, die ganz meine ist, obwohl sie sich von meinem bisherigen Stil unterscheidet.

Beutezüge auf texanischen Flohmärkten sind lohnend, weil das Angebot an altem Geschirr so groß ist. Manche Händler präsentieren ihr Angebot liebevoll, aber manchmal findet man auch Schätze in feuchten Pappkartons, die jahrzehntelang in einem Schuppen verstaubten.

Oben und rechts: *Liliput Lodge hat eine voll eingerichtete Küche mit abgewetzten Schränken. Überall in The Prairie habe ich kleine, liebevolle Accessoires verteilt – hier ein Sträußchen verblichener Samtblumen und ein hellblaues Seidenband mit wunderbar ausgefransten Rändern.*

Ganz rechts: *Von der Küche führt eine Tür zur Wirtschaftsküche, die einer meiner Lieblingsräume ist. Hier wird der ganze Betrieb mit frischer Bettwäsche und flauschigen Handtüchern versorgt. Kompromisse bei Qualität und Service darf es in einem guten B&B nicht geben.*

Hier stehen Otto und Hedwig Meyer mit ihren beiden älteren Kindern Mildred und Willie vor dem neu gebauten Farmhouse, der heutigen Liliput Lodge. Ihre jüngste Tochter Dolly und ihr Mann Marvin Jäger kauften das Anwesen in den 1940er-Jahren von Otto und bewohnten es bis 1994. Dann verkaufte ihre Enkelin Ramona Petrovski, von der ich diese Geschichte erfuhr, Haus und Grund an Lenore – und von Lenore kaufte ich es. und Willie vor dem neu gebauten Farm-

Ramona selbst erzählt: »Ich habe Lenore im Lauf der Jahre mehrmals besucht und war begeistert davon, wie liebevoll sie das Haus restauriert und erweitert hatte. Es war mir schwer gefallen, das Haus herzugeben, aber es war in gute Hände gekommen. Ich bin froh, dass es nun wieder eine neue Besitzerin gefunden hat, die es schätzt und liebevoll behandelt.«

Links und rechts: *Das Bett ist meine persönliche Version der »Prinzessin auf der Erbse« – eine behagliche Matratze mit dicker Auflage und Federbett. Die Bettwäsche aus meiner Petticoat-Kollektion und der große Spiegel im Renaissance-Stil stammen von Rachel Ashwell Shabby Chic Couture. Der niedliche Volant am Fenster schlummerte in meinem »Irgendwann«-Schrank und hat hier endlich ein Zuhause gefunden. Das Schränkchen mit Lavendel-Ornamenten und der verblichene, blaue Sessel stammen von Flohmärkten in der Umgebung. Meist lasse ich Flohmarktsessel neu beziehen, aber dieser durfte bleiben wie er war. Der weiche, blasse Samt wird noch viele Jahre halten.*

Nächste Seite: *Durch eine Tür mit Porzellangriff gelangt man aus dem Schlafzimmer ins Bad. Bodenebene Duschen liegen zwar im Trend, aber ich liebe luxuriöse Bäder: Rollrandwanne mit Klauenfüßen, ausgesuchte Pflegeprodukte von Molton Brown und reichlich weiche Handtücher. Die Regalträger mit dem Texas-Stern sind ein dezentes, authentisches Detail. Glitzerschmuck wird auch im ländlichen Texas getragen – allerdings meist zu Jeans und Stiefeln.*

Die prächtige Seabury Suite im Erdgeschoss ist immer meine erste Wahl, aber sie ist sehr begehrt und darum meistens belegt. Früher war dies Lenores Zimmer. Sie schätzte leuchtende Farben, die in Texas Tradition haben. Ich habe den Raum in meiner ruhigeren Palette neu gestaltet – mit weiß gestrichenen Wänden, verblichenem Samt und zartem Rosa. Der Kronleuchter, der verblichene Gobelinteppich und der große Spiegel mit dem geschnitzten Rahmen haben Schlüsselfunktionen, denn sie geben dem Raum seine romantische Atmosphäre. Das Schlafzimmer ist größer als die meisten anderen des Anwesens und darum – kaum verwunderlich – bei Hochzeitspaaren beliebt.

Gruppen von Frauen kommen gern nach The Prairie – manche zur Antiquitätenwoche, andere einfach für eine Auszeit. Die meisten Räume sind nicht nur mit unseren legendären Betten ausgestattet, sondern auch mit großen Sofas oder Ruheliegen, damit sie es sich gemeinsam gemütlich machen können. Dieses Zimmer im Obergeschoss ist mit dem herrlich kühlen Middleton Pink von Farrow and Ball gestrichen. Manchmal höre ich die Gäste beim Frühstück erzählen, dass sie sich darin wie kleine Mädchen: geborgen und beschützt fühlen. Die Bettwäsche mit den üppigen, aber nicht überladenen Rüschen ist in meinen Läden zu haben. Die blassgrünen Seidenjacquard-Vorhänge sind ein Vintage-Fund, und das kleine Aquarell über dem Bett beweist, wie schön ein bisschen Asymmetrie sein kann.

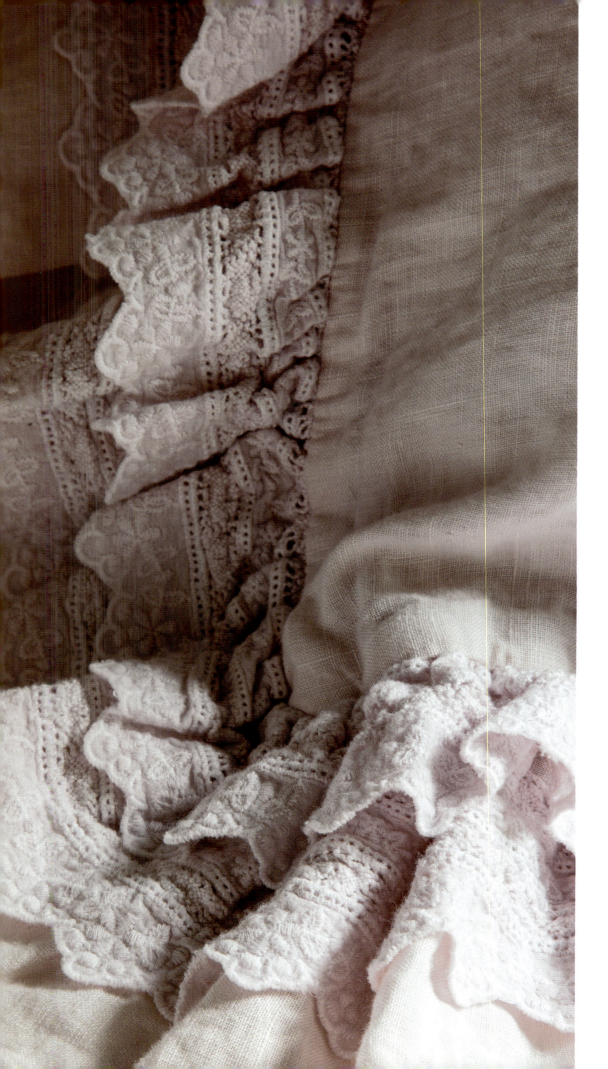

Links und rechts: *Ein Beecroft-Sofa mit blassrosa Leinenbezug passt ausgezeichnet zur mädchenhaften Romantik des rosa Zimmers. Das Union-Jack-Kissen ist ein Patchwork aus neuen Stoffen unserer jährlich wechselnden Kollektion. Überall im Haus gibt es reichlich Schränke zum Verstauen von Koffern und Taschen. Sie machen es leicht, den Abreisetermin zwischendurch einfach zu vergessen.*

Vorige Seiten: *Gleich neben dem rosa Zimmer liegt das blaue Zimmer. Solange ich das Haus kenne, hat der Raum diese Farbe. Er erinnert mich mit seiner schattigen Kühle, den ausgefransten Lampenschirmen und dem französischen Empire-Bett immer ein bisschen an den Film »Früchte des Zorns«. Blass blaugrüne Bettwäsche aus meiner Petticoat-Kollektion rundet die Farbsinfonie ab.*

Links, rechts und nächste Seite: *Viele Flohmarktfunde verkaufe ich weiter, weil mir vor allem das Jagen und Entdecken Freude macht. Manche mag ich aber nicht hergeben. Viele von ihnen haben ein Zuhause in The Prairie gefunden, auch dieser zierliche Schminktisch. Auf der Platte stehen zwischen den Blumen meine Lieblings-Pflegeprodukte von Jeffrey James Botanicals.*

Natürlich stellen wir auch die netten Kleinigkeiten bereit, die man von einem guten B&B erwartet – zum Beispiel Bleistifte und Notizblöcke mit dem The-Prairie-Emblem. Die alten Vorhänge aus einem Sanderson-Druck haben ihre besten Tage hinter sich, aber ich mag sie so gern, dass es zum persönlichen Ritual geworden ist, sie bei jedem Besuch zu flicken. Ich freue mich geradezu, wenn ich ein neues Loch entdecke.

Links und gegenüber: *Außer der hinreißenden Rollrand-Badewanne gibt's in dem Bad auch eine Dusche. Die Hakenleiste erinnert an den Umkleideraum einer Turnhalle und hängt, wenn beide Zimmer belegt sind, oft voll mit Handtüchern. An einem ungestrichenen Stück Wand hängt – bewusst windschief – ein kleines Aquarell.*

Nächste Seite: *Auf der Eingangsveranda der Liliput Lodge leistet mir Dannys vierbeinige Gefährtin Pearl Gesellschaft. Als Fensterdekoration dient eine alte, kunstvoll bestickte Tischdecke, und typisch texanische Schaukelstühle vom Flohmarkt laden zum Platznehmen ein. Über der Veranda liegt der Balkon, den man von den Schlafräumen betritt. Hier mache ich es mir manchmal auf dem Korbsofa gemütlich und schaue den Flaggen zu, die am Anfang des langen, staubigen Zufahrtsweges flattern. Angesichts der Weite komme ich mir dann manchmal klein vor, aber es fühlt sich auch großartig an, ein Teil davon zu sein.*

Das Bad liegt zwischen dem rosa und dem blauen Zimmer. Seine merkwürdig angeordneten, aber praktischen Regale, Haken und Nischen entsprechen ganz dem Charakter der Liliput Lodge. Wenn beide Zimmer belegt sind, hat das kleine Bad eine Menge Verwöhnprogramm zu leisten – da sind all die Haken und Nischen nützlich, um Unordnung zu vermeiden. Das Bad zeigt aber auch, wie sich meine Farbvorlieben verändert haben. Neben den hübschen, zarten Pastelltönen, die typisch für meinen Stil sind, haben auch kräftigere Töne ihren Platz. Das Bad ist größtenteils im gleichen Blau gestrichen wie das Schlafzimmer, aber eine Wand in Hellgrau und ein femininer Spiegel, ein liebevoll drapiertes Stück Seidenband und kleine Blumensträuße setzen der maskulinen Cowboy-Ästhetik etwas Weiches, Leichtes entgegen.

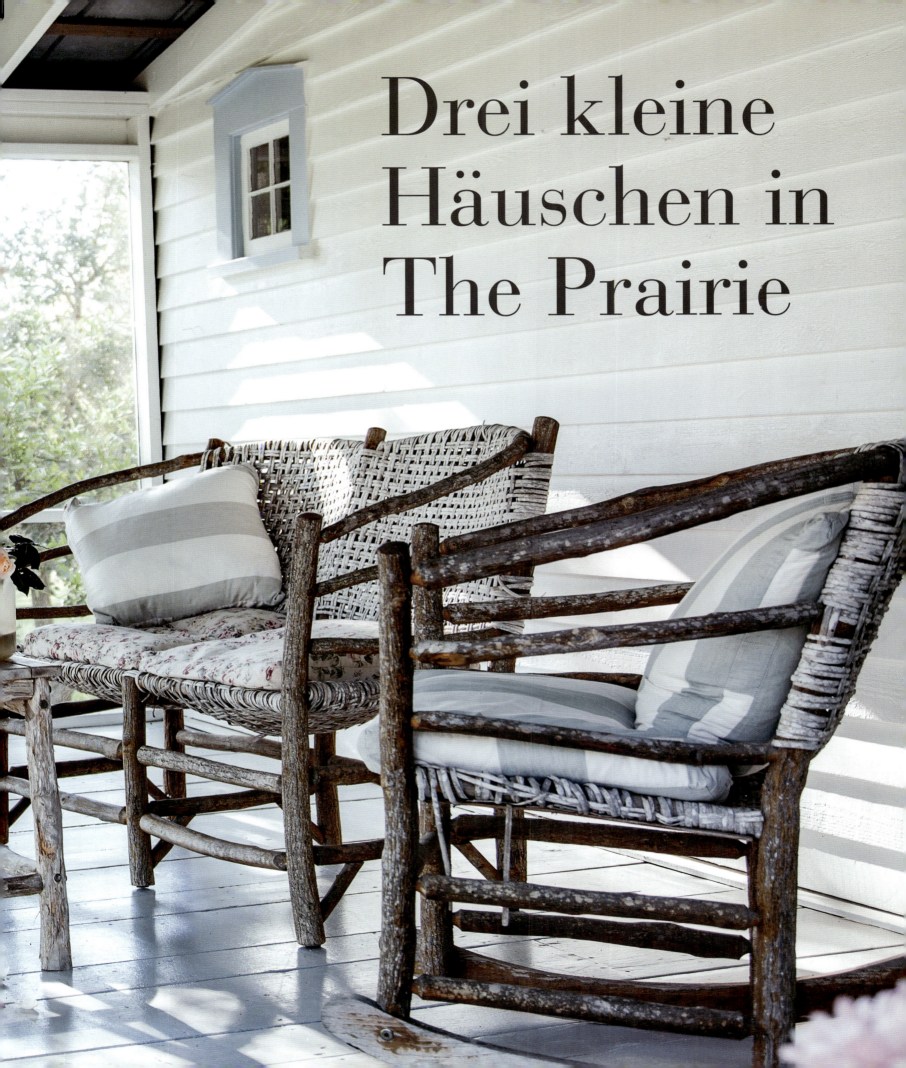

Drei kleine Häuschen in The Prairie

Vorige Seiten: *Vorige Seiten: Auf der geschützten Veranda kann man herrlich die Zeit verplaudern. Sie ist auch Übergangsquartier für die Blumen, mit denen die Zimmer geschmückt werden*

Links: *Auf der Rückseite des kleinen Gebäudes verstecken sich hinter Türen mit schönen, alten Scharnieren weitere praktische Nischen, in denen dies und das verstaut werden kann. Das Wellblechdach hat sich mit den Jahren verzogen und eine attraktive, blaugraue Patina angenommen. Was einmal ein rein zweckdienliches Nebengebäude war, ist heute ein charmantes Gästehäuschen.*

Blue Bonnet Barn

Die Blue Bonnet Barn ist ein typisch texanischer Bau. Für einen geschickten Handwerker ist es nicht schwierig, so ein Nebengebäude zu errichten: Holzwände, ein Wellblechdach, Backsteinboden und ganz viel Charakter, für den in diesem Fall der schiefe Wasserturm auf dem Dach sorgt.

Ich bin sicher, dass die Scheune schon zu ihren besten Zeiten viel Persönlichkeit besaß. Heute beruht ihr Zauber auf dem Unperfekten. Das Holz hat sich verzogen, das Metall ist rostig geworden, die Farbe blättert ab, das Leben hat Spuren hinterlassen. Ursprünglich diente die Scheune als Unterstand für den Traktor und Reparaturwerkstatt für Landwirtschaftsgerät.

Zu den holzvertäfelten Innenwänden, die weiß gestrichen wurden, bildet der abgetretene Backsteinboden einen interessanten, kühlen Gegenpol, und das Bad wirkt durch die dunklen Holzwände zauberhaft romantisch.

Rechts: *Das stattliche Ladbrook-Sofa im Wohnraum lässt die hübsch geblümten Sessel mit Knopfheftung und geschwungenen Beine noch zierlicher aussehen, ohne ihnen die Schau zu stehlen. Die Decke für die Ruheliege im Hintergrund hängt über einem einfachen Holzgestell. Ihr zartes Rosenmuster ist viel zu hübsch, um es zu verstecken, wenn sie nicht benutzt wird.*

DREI KLEINE HÄUSCHEN IN THE PRAIRIE 49

Links: *Um ein Gleichgewicht zwischen Romantik und Solidität zu finden, wurden die dunklen Deckenbalken nicht gestrichen. Sie bilden einen spannenden Kontrast zu den weißen Wänden und dem rosa Lampenschirm mit Glasperlenfransen, der über schlicht gestreifter Leinenbettwäsche hängt.*

Oben und oben rechts: *Den großen Kaminspiegel mit dem rissigen Anstrich fand ich nach dem Kauf im Haus vor. Ich konnte nicht widerstehen, ihn mit Seidenblumen und Bändern zu dekorieren.*

Rechts: *Es hätte mir ähnlich gesehen, dieses Bad weiß zu streichen – aber gerade die dunklen Wände bilden einen fantastischen Hintergrund für den romantischen Duschvorhang, der aus einer alten Spitzengardine entstand.*

Oben: *Besitzer eines Bed and Breakfast wohnen normalerweise vor Ort. Ich lebe zwar woanders, nehme aber auch aus der Ferne an den meisten Details Anteil. Mit frischen Blumen in kleinen Milchkännchen kann ich ausdrücken, wie wichtig mir Sorgfalt auch im Kleinen ist.*

Dieser kleine Zettel wurde aufgehängt, während wir auf Ersatz für eine Gardine warteten, der zu viel Sonnenlicht geschadet hatte.

Als Sichtschutz dienen allerlei Reste von Spitze und alter Tischwäsche. Dieser bestickte Tischläufer ist ein schönes Beispiel. Im Gegenlicht der tief stehenden Sonne kommt die kunstvolle Handarbeit einer früheren Generation richtig gut zur Geltung.

Nächste Seite: *So leicht lässt sich mein Stil auf den Punkt bringen: Flatternde Wäsche auf der Leine, herrlich verblichene Farben und ein liebevoll gemaltes, einfaches Blumenmotiv, das ich beim Stöbern in einer alten Holzkiste fand. Das sind Schätze!*

Als Londonerin frage ich mich manchmal, wie ich eine so tiefe Beziehung zu dieser Kultur, ihren Menschen und ihrer Landschaft entwickeln konnte. Und dann genügt ein Spaziergang mit Pearl entlang der Schotterstraße, um zu spüren, dass dieses Gefühl echt und ehrlich ist.

Faith Cottage

Schritt für Schritt bauen wir in The Prairie weitere Unterkünfte aus. Erst kürzlich wurde aus einem ehemaligen Werkzeugschuppen das Faith Cottage. Wir improvisieren und nutzen Vorhandenes, soweit es möglich ist, ohne dabei im Hinblick auf Schönheit, Komfort und Zweckmäßigkeit Kompromisse zu machen.

Ein herrlich gemütliches Bett, glitzernde Kronleuchter und ein zarter Spitzenvorhang bilden ein schlichtes, aber feminines Gegenstück zu dem nüchternen Wellblechdach. Ich war der erste Übernachtungsgast in diesem Cottage, und im Morgenlicht fand ich die Ölflecke auf dem Fußboden dann doch etwas zu schäbig. Nach einigem Nachdenken über Kosten, praktische Aspekte und einen passenden Stil erinnerte ich mich an eine Schablone in meinem Fundus, die der Sänger Dierks Bentley für den Boden seiner Wohnung in einer ehemaligen Werkstatt benutzt hatte: Genau richtig, um die Flecken zu verdecken und von ihnen abzulenken. (Interessanterweise hatte Deb Durgen die Schablone gefertigt, der jetzt zu unserem Team in The Prairie gehört.)

Oben links, oben und rechts: *Die Wände sind bis zur halben Höhe mit gebrauchten Holzbrettern verkleidet, darüber wurden sie mit Farbe und einer kostbaren Rolle alter Tapete verschönert. Verwelkte Rosen, rissiger Estrich und verwittertes Wellblech sind die Zutaten für diese etwas spröde Romantik.*

Vorige Seiten: *Der selbst gebaute Schminktisch im Schlafzimmer besteht aus einem ausgemusterten, aber noch ausreichend funktionsfähigen Spiegel in zartem Rosa und einem alten Schreibtisch, dessen abblätternder Anstrich Geschichten erzählt. Das Spitzenkleid und die Päonie wirken in dieser rustikalen Umgebung unwiderstehlich feminin.*

Unten: *Kunst, Installation oder Nachttischlampe? Porzellanblümchen und ein Vorhangstangen-Endstück aus Glas veredeln das nackte Gestell. Dazu gehört selbstverständlich eine Glühlampe, die weiches, blendfreies Licht spendet.*

Rechts: *Ich lege überall in The Prairie dieselben Maßstäbe an. Auch im Bad dieser umgebauten Scheune stehen Schönheit, Funktion und Komfort im Mittelpunkt – flauschig weiche Handtücher, frische Blumen und glitzernde Leuchten.*

Recycling und Improvisation werden in The Prairie groß geschrieben. Bevor wir etwas kaufen, stöbern wir immer zuerst in unserer Kiste mit Dingen, die »man vielleicht noch einmal gebrauchen kann«. Mit alten Tapeten gehen wir sparsam um, weil man selten mehr als zwei oder drei Rollen mit demselben Muster findet. Altmodische, streichbare Anaglypta ist eine gute Alternative. An der Badezimmertür hatten Generationen von Benutzern Schlösser und Haken hinterlassen. Wir haben an dieser robusten Pracht nichts verändert, sondern sie mit einem glitzernden Facetten-Glasknauf in Szene gesetzt.

Oben: *Danny hat diesen abgebrochenen Ast gefunden und daraus einen praktischen, rustikalen Haken fürs Badezimmer gebaut.*

Nächste Seite: *Frische Wäsche, die im Wind auf der Leine flattert – so schön können die einfachen Dinge sein.*

Cornflower Cottage

Dieses Häuschen war einmal ein Hühnerstall. Schon vor meiner Zeit hatte Danny es zu einem exzentrischen Gästehäuschen mit spanischem Flair umgebaut und Las Casitas genannt. Ich habe versucht, Elemente meines Stils hinzuzufügen, aber die kräftigeren Farben und die authentische Patina zu bewahren. Nun heißt es Cornflower Cottage und ist eins der meistgebuchten Quartiere.

Vorige Seiten: *Von Zeit zu Zeit dekoriere ich einen hellgrünen Schrank mit einem alten Spitzenkleid und einigen Blauregen-Blüten. Die Bettwäsche auf dem wunderbar komfortablen Bett ist ganz in Blau- und Blaugrüntönen gehalten. Die uralte, abgewetzte Tür im Hintergrund führt ins Bad mit Whirlpool.*

Die faszinierende Mischung von Patina, Texturen und Farben, die ich in diesem Haus vorfand, gab mir den Anstoß, kräftigere Farben zu verwenden. Wände und Boden aus kühlem Zement sind in der Hitze texanischer Sommertage angenehm kühl. Schmale, waagerechte Lüftungsgitter waren schon früher eingebaut worden. Ich hätte sie vielleicht nicht ausgesucht, war aber froh, sie zu übernehmen und als Orientierungspunkte für die weitere Dekoration des Häuschens zu nutzen.

Oben und rechts: *Ich kaufe oft alte Leuchten, und meistens montiere ich die Lampenschirme ab. Aber manchmal ist so ein theatralischer oder auch etwas speckiger Schirm genau der richtige Akzent. Frische Blumen finde ich in allen Stadien ästhetisch – selbst in dem Moment, in dem sie sich verabschieden.*

Gegenüber: *Den Whirlpool mit der Einfassung aus spanischen Fliesen, die Decke aus gebrauchten Brettern und den Kronleuchter mit italienischen Porzellanröschen gibt es hier schon, so lange ich denken kann. Nur das Handtuch mit dem The-Prairie-Logo erzählt von seinem neuen Lebensabschnitt.*

Nächste Seite: *Die Tapete im Bad der Rangers Lounge hat starke Farben, aber ein zartes Muster. Longhorn-Rinder sind sehr ruhige, aber charaktervolle Tiere.*

Meadow Manor

Dieses Kleinod im viktorianischen Stil entstand in den 1880er-Jahren auf einem anderen Grundstück. Lenore und Danny, die Vorbesitzer von The Prairie, hatten es abbauen und hier wieder aufbauen lassen. Mir gefällt die leicht formale Ausstrahlung des Hauses, die ich durch schöne Details ergänzt habe. Nun ist es ein Quartier geworden, in dem man sich gern ein Weilchen häuslich einrichtet.

Das eingeschossige Häuschen verfügt über zwei Schlafräume, ein großes Wohnzimmer, eine Diele, eine Küche mit Essplatz und ein Familienzimmer mit Schlafsofa. Es wird gern von Gruppen auf Shopping-Tour gebucht, aber auch von Hochzeitsgästen oder Bands, die in der »Musikstadt« Austin auftreten. Licht, das spielerisch durch die Spitzenvorhänge fällt, verbreitet heitere Stimmung in dem Haus, das durch den Mix aus kleinen und großzügigen Räumen zwanglos wirkt. Bequeme Sitzmöbel, Blumen und liebevolle Details tragen zu seiner Freundlichkeit bei. Ich bin noch unschlüssig, ob ich die dunkelgrüne Damast-Tapete im Wohnzimmer behalten oder erneuern soll.

Oben: *Auf dem komfortablen Schlafsofa kann man es sich auch zu dritt gemütlich machen. Bettzeug wird griffbereit aufbewahrt, weil es zum Verstecken viel zu schön ist. Ein weißes Rinderfell schützt die gestrichenen Bodendielen vor derben Cowboystiefeln. Die Tapete mit dem zarten, traditionellen Dekor namens Silvergate stammt von Farrow and Ball.*

Oben und rechts: *Typische Kleinigkeiten.* Im Lauf der Jahre habe ich einige liebevolle Geschenke bekommen, die mir viel bedeuten. Die rosa Landkarte bekam ich von Grace. Sie zeigt mein Heimatland in Rosa, mit dem hübschen Schriftzug »Eine Karte in Rosa, extra für Dich.« Die Tierpräparation hat in Texas eine lange Tradition, ein paar ausgestopfte Tiere habe ich mit dem Haus gekauft. Ich beschloss, sie zu behalten und ihnen – gekrönt mit Blumen – einen Platz in The Prairie zu geben. Ein Einwegwaschlappen, damit die herrlich weichen Handtücher nicht mit Make-up verschmiert werden. Wir geben uns Mühe, an alles zu denken.

Links und diese Seite: *Die Küche mit dem Esstisch für viele Gäste ist nur symbolisch durch den Spitzenvorhang vom Familienzimmer abgetrennt. Die Arbeitsplatten aus gehämmertem Zink wirken funktionell, aber nicht zu sachlich. Offene Regale mit weißem Geschirr und schlichten Gläsern mit unserem Logo wirken angenehm ruhig. Als ich zum ersten Mal eins dieser Gläser in der Hand hielt, begriff ich, dass The Prairie kein Traum ist, sondern wirklich existiert.*

Vorige Seiten: *Das kleinere der beiden Schlafzimmer ist behaglich und charmant. Mir gefällt die etwas krumme, gestrichene Holzdecke mit der glitzernden Deckenleuchte besonders gut. Die Bettwäsche in einem sanften Kieselgrau passt perfekt zu der kostbaren Vintage-Tapete. Wenn ich von einer alten Tapete nur wenige Rollen finde, kombiniere ich sie mit gestrichener Anaglypta und lasse auf etwa einem Meter Wandhöhe eine glänzend gestrichene Scheuerleiste anbringen, sodass man die edle Vintage-Tapete auf Augenhöhe bewundern kann. Alte Tapeten sind nicht ganz einfach zu kleben, weil sie nicht vorgekleistert sind. Andererseits werden sie überlappend geklebt, was das Ausrichten des Musterrapports erleichtert.*

Rechts und ganz rechts: *An der Badezimmertür hängt eine Schleife aus meiner Schatzkiste. Sie hat einmal ein Geschenk geschmückt. Das gerüschte Spitzenkleid und meine Lieblingsjeans bilden die femininen Details in diesem maskulinen Bad. Florentinische Beistelltischchen wie das neben der Wanne findet man erstaunlicherweise auf texanischen Flohmärkten häufiger. Der verblichene Teppich aus Istanbul ist ein schönes Beispiel für die zarten, verwaschenen Farben, die ich so mag.*

Gegenüber: Im zweiten Schlafzimmer verbreiten schimmernde Seidenvorhänge und die üppigen Rüschen der Petticoat-Bettwäsche leicht zerknitterte Dekadenz. Der verblichene Teppich sorgt dafür, dass die Streifentapete von Farrow and Ball nicht allzu förmlich wirkt.

Links: Auf der Suche nach altem Geschirr fallen mir manchmal wunderschöne Einzelstücke in die Hände, etwa dieser zarte Limoges-Teller mit handgemalten Blumen und einem Rand in ungewöhnlichem Beige. Die Blume aus Samt und Seide stammt aus meiner Schatzkiste. Sie gehört zu meinen Lieblingsstücken, die ich hüte, wie meinen Augapfel. Ich weiß immer genau, wo sie ist.

Gäste kommen aus den verschiedensten Gründen nach The Prairie, aber zu den wichtigsten gehören sicherlich die großen Antik- und Flohmärkte im Frühling und Herbst, die ganz in der Nähe stattfinden. Die Marktgänger sind zielstrebige Leute. Sie stehen früh auf und frühstücken auf die Schnelle, um schon vor Ort zu sein, wenn die Händler ihre Stände öffnen. Ich habe aber auch von Gästen gehört, denen ihre Zimmer so gut gefallen, dass sie nicht mehr so überstürzt aufbrechen. Sie bleiben noch ein Weilchen im behaglichen Bett liegen, genießen in aller Ruhe Dannys legendäres Frühstück und verschieben die Einkaufstour um ein Stündchen oder zwei.

Rechts und links: *Dick gepolsterte Sofas von Rachel Ashwell Shabby Chic Couture, ein abgewetzter Couchtisch und ein ramponierter Kleiderschrank bilden einen reizvollen Kontrast zu den förmlichen Stühlen mit Samtbezug und goldfarbenem Gestell und den vergoldeten Florentiner Schubladenschränkchen. Die Stehlampe samt Schirm gefällt mir so gut, dass ich sie nicht hergeben mag. Ich schwanke noch, ob ich die grünen Wände behalten oder verändern möchte. Sie halten den Raum kühl, und das ist in Texas ein Argument. Die Kristallleuchten bringen mit ihrem hellen Glitzern verspielte Heiterkeit in den Raum. Dass der dunkle Schrank einen rosa »Blumenhut« bekommen hat, ist kein Zufall.*

Auf der Eingangsveranda von Meadow Manor haben Gäste ihre Einkäufe geparkt. Es macht mir Freude zu sehen, wie der Berg der Flohmarktbeute wächst – mein eigener und der unserer Gäste. Jeder darf die Schätze der anderen begutachten und bewundern, und wenn etwas Unwiderstehliches dabei ist, kann es schon einmal zu Verkäufen unter unseren Gästen kommen. Wer weiß, vielleicht findet eines Tages auf den Wiesen von The Prairie ein Mini-Flohmarkt statt.

Rangers Lounge

Vorige Seiten: *Der Frühstücksraum mit doppelter Deckenhöhe ist so schön behaglich und zweckmäßig, wie man es erwarten möchte. Die Einrichtung besteht aus gemischten Flohmarktfunden, darunter auch die robusten Warrington-Anrichten, auf denen morgens das Frühstücksbüffet bereit steht. Den Hirschkopf – mit samt seinem Hut – habe ich mit den Anwesen gekauft, und ich betrachte ihn als ein Mitglied der The-Prairie-Familie.*

Links: *Vor dem Eingang der Rangers Lounge steht ein bunter Mix aus Möbeln. Schnörkel, rostiges Eisen, exzentrische Formen, altes Holz und überraschend zierliche Gartenmöbel geben einen Vorgeschmack auf das, was die Gäste drinnen erwartet.*

Die Rangers Lounge ist der Speisesaal und die Pulsader von The Prairie. Hier treffen sich die Gäste, und hier schaue ich in meiner Funktion als Gastgeberin auch gern vorbei, um Hallo zu sagen. Nirgends ist der Stilmix aus Robustem und Zartem deutlicher als hier, wo auf derben Warrington-Anrichten Eimer voller Lerchensporn-Blüten stehen. Hier beginnen wir unsere Schatzsuchertage, und hierher kehren wir abends zurück, um aufzutanken.

Ich fand diesen Raum schon immer hinreißend. Die Architektur ist fast ruppig: Stützpfeiler sind aus Baumstämmen gehauen, die Wände sind mit sägerauen Bohlen verkleidet, Rohre sind sichtbar verlegt. Und in diesem durch und durch ländlichen Bau flattern Spitzengardinen an den Fenstern, hier stehen unterschiedliche Stühle mit geblümten Hussen, große Krüge voll duftender Blumen und ein einladend-weiches Chesterfield-Sofa aus Samt. Je nach Tageszeit ist der große Gemeinschaftstisch mit antikem Porzellan und getöpferten Krügen gedeckt, oder es wird Dannys sagenhaftes Frühstück serviert.

Rechts: *Als ich The Prairie kaufte, wurden allerlei Kleinigkeiten »mitgeliefert«. Von diesem glänzenden Cowboystiefel konnte ich mich nicht trennen. Als Sinnbild der texanischen Machokultur hat er seinen Platz in meiner eklektischen Ästhetik gefunden, und praktisch ist er außerdem.*

RANGERS LOUNGE

Vorige Seiten: *Die etwas skurrile, aber praktische Küche haben Lenore und Danny vor Jahren eingerichtet. Hängeschränke mit Glastüren bieten Platz für das Chaos, das der Frühstücksbetrieb mit sich bringen kann. Danny und sein Team können zum Frühstück bis zu 30 Personen beköstigen und dabei auch meine merkwürdigen Sonderwünsche wie Rührei (nur aus Eiweiß) auf Toast mit Marmite berücksichtigen. Die Schränke sind aus gebrauchtem Holz gebaut. Haken, Scharniere und Arbeitsflächen bestehen aus simplem, aber praktischem gehämmertem Zink. Der Spülstein ist groß genug, um Blumen vorzubereiten oder nach dem Essen große Stapel von altem, nicht spülmaschinentauglichem Geschirr abzuwaschen und dabei ein Schwätzchen zu halten.*

Rechts und gegenüber: *Die Prairie-Farms-Flasche hat meine liebe Freundin Grace für mich aufgestöbert. Ein Stapel Pfannkuchen mit Butter und Ahornsirup wird stilecht auf einem schönen Teller mit lila Dekor serviert.*

Nächste Seite: *An der Pinnwand erfahren die Gäste etwas über die Geschichte von Shabby Chic© und Rachel Ashwell Shabby Chic Couture© – und auch ein bisschen über mich selbst. Zeitungsausschnitte, Familienfotos und selbstverständlich einige Seidenblumen und schöne Bänder verraten allerlei. Wenn ich kleine Original-Kunstwerke finde, greife ich zu. Für sie lässt sich immer ein Platz finden.*

Oben: *Um ständig darin zu wohnen ist diese Einrichtung vielleicht etwas zu gemischt. Für einen Gemeinschaftsraum mit Flohmarkt-Ambiente ist sie aber wie geschaffen. Der geschnitzte Türrahmen am Durchgang zur Küche oder die blau bemalte Zirkuskulisse dienen als Raumschmuck, werden aber manchmal auch als Requisiten für Hochzeiten und andere Veranstaltungen »entführt«. An der hinteren Wand stehen meine Lieblingsstücke der Saison, die irgendwann wieder verkauft werden.*

Nächste Seite: Szenen aus dem Leben in der Rangers Lounge. Ein Stückchen von mir auf einem Sofa mit goldfarbenem Gestell und einem Bezug aus unserem Stoff Blossom aus belgischen Leinen. Meine Lieblingsstücke der Saison. Ob sie für immer bleiben, als Vorlage für Repliken dienen oder in einem meiner Geschäfte landen, wird die Zeit zeigen. Das untere Schränkchen stammt aus Ungarn. Die Malerei ist vermutlich recht jung, aber ich mag sie leiden. Die fliederfarbene Kommode ist eins meiner Lieblingsstücke.

Links: Im Obergeschoss über dem Speisesaal stehen drei luxuriöse Betten für Zeiten großen Gäste-Andrangs bereit. Sie zeigen, wie bezaubernd der Mix aus einfarbiger, gestreifter und geblümter Bettwäsche aussehen kann. Diese Bettwäsche stammt von Rachel Ashwell Shabby Chic Couture.

Rechts: Auch auf der Schlafgalerie werden in Sachen Ästhetik, Komfort und Zweckmäßigkeit keine Kompromisse gemacht. Jedes Bett hat einen hübschen Nachttisch, außerdem gibt es reichlich Kleiderhaken, praktische Regale und viele Ablagemöglichkeiten.

Schlafräume im engeren Sinn gibt es in der Rangers Lounge nicht, aber wenn während der Flohmarkt-Wochen oder zu besonderen Veranstaltungen alle Betten belegt sind, können drei Gäste im Obergeschoss übernachten. Ein Bad liegt gleich im Erdgeschoss. Man erreicht diese Schlafgalerie vom Speisesaal aus über eine schlichte, aber schöne Metallwendeltreppe. Was dem Raum an Privatsphäre fehlt, macht er durch Komfort wett. Die Betten sind ebenso groß und bequem wie alle anderen in The Prairie, und auch die Bettwäsche ist opulent und hübsch. Viele Leute übernachten gern hier oben. Man fühlt sich in dem hellen, luftigen Raum wie zu Besuch bei guten Freunden – und das ist ja eigentlich unser Anliegen in The Prairie.

Auf diesem Foto ist für mich alles am richtigen Platz – auch ich selbst. Danny liebt das Anwesen seit der Zeit, als es noch The Outpost hieß, und den Traktor benutzt er seit jeher, um es in Ordnung zu halten. Hündin Pearl weicht ihm nicht von der Seite, und irgendwie passt auch das schüchterne Mädchen aus London ins Bild.

The Pearl Barn

Vorige Seiten: *Eine Scheune in der Nachbarschaft brachte mich auf die Idee, die Danny so großartig umsetzte. Wir haben das Budget etwas überzogen, aber dafür ist etwas Unbezahlbares entstanden. Der Fußboden besteht aus weiß lasiertem Sperrholz. Ursprünglich entschied ich mich aus Kostengründen dafür, aber es hat sich als ideal erwiesen. Manche der Tische und Bänke warten auf den Transport in meine Läden, andere gehören zu unserer hiesigen, bunten Mischung und werden auch an Caterer vermietet. Auch die Kronleuchter stammen aus unserer Kollektion. Das kleinere Modell heißt Simple. Das größere mit dem Namen Manoir besteht aus weiß lasiertem Holz und Metall. Es ist stattlich, dabei aber zart.*

Links und rechts: *Nachgestelltes Stillleben. Ich habe einen ganzen Schrank voller schöner Gemälde, größtenteils Landschaften und Stillleben. Und ich finde immer einen Platz, ein Bild aufzuhängen – wie dieses Blumenmotiv, das auf Holzplatte gemalt wurde. Die Rosen im Milchkrug beginnen zu verwelken, doch dann duften sie meist am intensivsten.*

Texaner feiern gern, und schnell wurde mir klar, dass die Rangers Lounge zu klein war. Von meinen Flohmarkt-Touren kannte ich eine Scheune mit dem Namen La Bahia. Ich erzählte dem einfallsreichen Danny davon, und einige Monate später hatte er ein Wunder vollbracht. Es ist ein recht einfacher Bau mit einer neuen Holzfassade, aber altem Holz und Vintage-Tapeten im Inneren – ein eindrucksvoller, weiter Raum aus Holz, Wellblech und Glitzer. Wenn keine Veranstaltung ansteht, werden dort meine Flohmarkt-Beutestücke zwischengelagert, bevor sie auf die Reise in meine Geschäfte in New York, Los Angeles, San Francisco und London gehen.

Links und oben: Ich stöbere sehr gern in Kästen voll ungerahmter Aquarelle. Einige dieser Aquarelle stammen aus einem Malkurs. Es ist interessant zu beobachten, wie verschiedene Künstler ein und dasselbe Motiv gemalt haben.

Nächste Seite: Ein geerbter Kronleuchter fand sein Zuhause im Bad. Die Wände sind mit einer Paisley-Schablone verziert, die unser vielseitig begabtes Teammitglied Deb Durgen entworfen hat. Meine Idee war, die Musterelemente unterhalb der Scheuerleiste dichter anzuordnen und zur Decke hin immer luftiger werden zu lassen. Diese Gestaltungsfreiheit, die man mit Schablonendekorationen hat, gefällt mir gut. Und das kleine Aquarell ist ein bezaubernder Akzent.

Verborgene Schätze

Auf den 18 Hektar texanischer Landschaft, die zu The Prairie gehören, gibt es allerlei Überraschungen zu entdecken: Nebengebäude, Gewächshäuser, schattige Pergolen und glücklicherweise auch ein kleiner Rachel Ashwell Shabby Chic Couture-Laden liegen versteckt, aber sie werden geschätzt. Im Lauf der Jahre wurden sie aufgemöbelt und dienen jetzt den verschiedensten Zwecken. Das Geschäft haben wir abseits der breiten Wege eröffnet, weil viele Gäste sich etwas von dem, was sie hier kennen gelernt hatten, für ihr eigenes Zuhause wünschten – einen Becher mit unserem Logo, ein gemütliches Sofa oder ein Set schöner Bettwäsche.

Verborgene Schätze

Der Kauf von The Prairie war keine Vernunftentscheidung. Er entsprang eher dem intuitiven Wunsch, eine kleine Welt ganz in meinem Stil zu gestalten, in der ich von Zeit zu Zeit wohnen wollte. Die Idee zur Eröffnung des Ladens entstand quasi nebenbei. Ich erzählte Danny davon, und ein paar Wochen später schickte er mir ein Foto mit einem Tieflader, der ein Haus transportierte – Umzug total. Das wunderhübsche, verwitterte Häuschen hatte auf Dannys eigenem Grundstück gestanden. Wir nahmen einige kleine Reparaturen vor, bauten eine Veranda und hängten das Schild auf. Das Innere wurde mit Farbe und Vintage-Tapeten hübsch hergerichtet. Jetzt kann ich stolz behaupten, Geschäfte in New York, Los Angeles, London, San Francisco und Round Top Texas zu besitzen. Ein Laden mitten in der Prärie ist ein Wagnis, aber manchmal muss man einfach seinem Gefühl folgen.

Vorige Seiten: *Florentine: Möbel von Flohmärkten, die im Gewächshaus gelagert sind, erinnern mich immer an die geplatzte Hochzeit der Miss Havisham im Roman »Große Erwartungen«. Pearl wartet geduldig. Ihr liebster Gefährte ist Danny, aber sie nimmt auch mit mir oder einem der Gäste Vorlieb.*

Oben links und oben: *In unserem abgelegenen Geschäft bekommt man Bettwäsche, Stoffe, Möbel und meine ganz eigene Version von Souvenirs mit texanischen Motiven.*

Diese Seite und gegenüber: *Ein bescheidener Held in The Prairie ist dieses Außen-WC. Wenn wir ausgebucht sind, wird es besonders geschätzt. Die extreme Witterung hat seiner Fassade zugesetzt. An der Tür hängt in einem rostigen Wandtopf ein Strauß verblichener Stoffblumen von einer längst vergangenen Hochzeit. Doch drinnen wirkt das Häuschen mit seinen zweifarbigen Wänden frisch und schick.*

Nächste Seite: *Die klassischen, aus gewachsenen Ästen gebauten Möbel habe ich mit dem Anwesen gekauft. Weiche Kissen, die jährlich erneuert werden, sorgen für guten Sitzkomfort. Wenn die Pergola als Fotokulisse dient, scheue ich mich nicht, ihr Blätterdach mit Blauregen-Blütenständen aus Seide zu dekorieren.*

Zauberhafte Momente

The Prairie ist ein Stück Himmel in Texas – für mich wie für alle, die kurz vorbeischauen oder hier einen wichtigen Tag in ihrem Leben feiern wollen. Der Himmel über dieser Landschaft ist so weit, und er bildet eine wunderbare Kulisse für eine Hochzeit mit ländlich-bodenständigem Charme und mädchenhaftem Glamour.

Die Lebensfreude und Heiterkeit der Texaner finde ich herrlich. The Prairie liegt 137 Kilometer von Houston und 120 Kilometer von Austin entfernt. Wenn jemand diesen Ort für ein besonderes Fest aussucht, ist es uns eine Ehre und wir geben uns Mühe, es zu einem unvergesslichen Ereignis zu machen – ob es eine kleine Feier oder eine Hochzeit mit 150 Gästen ist. Bei uns finden Geburtstagsfeiern, Kreativ-Workshops, Familienfeste, Flitter-Wochenenden und sogar heimliche Hochzeiten statt. In den 1980er-Jahren, vor der Geburt meiner Kinder Jake und Lily, habe ich eine Zeitlang als Stylistin gearbeitet. Es hat mir viel Spaß gemacht, mit ausgesuchten Requisiten romantische oder witzige Fantasie-Szenerien zu erschaffen. Heute kann ich bei der Planung von Feiern auf The Prairie solche Fantasie-Welten für einen Tag wahr werden lassen.

Vorige Seiten, oben und rechts: Die riesige Hochzeitstorte aus Pappmaché habe ich vor etwa 20 Jahren gekauft. Seitdem hat sie bei vielen Hochzeiten für Aufsehen gesorgt. Der Tisch ist »duchdacht-chaotisch« mit Vintage-Geschirr, Eimern voller Blumen, Rüschentischdecken und Hufeisen mit Schleifchen geschmückt. Schleifen binde ich entweder winzig oder üppig, aber immer mit unterschiedlich langen Bändern, denn auch das Unperfekte muss perfekt sein.

Gegenüber und rechts: Pearl Barn ist für eine Feier hübsch herausgeputzt. Ein Kronleuchter aus meinem Geschäft wurde extra mit schönen Krepppapier-Rüschen aus meiner Schatzkiste garniert. Der fünf Meter lange Erntetisch vom Flohmarkt ist mit seinem abblätternden rosa Anstrich so rustikal wie romantisch. Gedeckt ist er mit unterschiedlichem, aber sorgsam ausgesuchtem Geschirr in verschiedenen Höhen – aber nicht so hoch, dass es den Blick über den Tisch behindert. Die alten Stühle stammen von verschiedenen Händlern, und jeder hat eine Geschichte zu erzählen.

Nächste Seite: Danny hat seine ganz eigene Methode, das Mobiliar umzuräumen, und Pearl ist nie weit von ihm entfernt. Der rostige Macho-Trecker und der gerüschte Blumenstoff bringen das Wesen von The Prairie auf den Punkt.

Ganz links, links und rechts: Zerknitterte Servietten werden ungeniert benutzt, weil man sie nicht bügeln muss. Außerdem mag ich Knitterfalten lieber als akkurate Kniffe. Ein Teil unseres Geschirrs, das für Veranstaltungen auch gemietet werden kann, ist in offenen Regalen in der Rangers Lounge ausgestellt. Ich finde die Kombination aus Flieder, Elfenbein und blassem Blau einfach hinreißend. Wir haben auch andere Stücke in kräftigeren Blaugrün- und Brauntönen sowie eine Menge französisches Geschirr in Rosa, aber das fliederfarbene Geschirr ist mein kostbarster Schatz. Menükarten schneiden wir von Hand aus dickem Papier und sengen danach die Ränder leicht an. Auch das ist ein Beispiel für unsere Detailverliebtheit.

ZAUBERHAFTE MOMENTE 135

Um eine große Tafel mit verschiedenem, aber zusammenpassendem Geschirr zu decken, braucht man Zeit und Einfallsreichtum, vor allem aber einen großen Fundus schöner Stücke, aus dem man schöpfen kann. Es dauert Jahre, so eine Sammlung zusammenzutragen. Ich kaufe viel Geschirr, feinstes Bone China ebenso wie derbe Waschschüsseln und Krüge, handbemaltes Limoges-Geschirr ebenso wie simples bedrucktes. Mal bezahle ich fünf Dollar für eine ganze Kiste, mal 75 für einen einzigen Teller, aber es ist nicht der Preis, der den Ausschlag gibt, sondern die Palette: die Farbe, die Textur und die Art, wie er zu anderen Stücken meiner Sammlung passt. Auf den Tisch kommt aber nur, was einwandfrei und makellos ist. Angestoßenes Geschirr kann andere Zwecke erfüllen, zum Beispiel als Blumenvase.

Gegenüber und oben: *Die perfekte Farbpalette für eine Feier unter Frauen. Die große Schüssel würde überladen wirken, wenn sie nicht auf dem derben Tisch stünde. Tassen ohne Untertassen haben neue, schlichte Gefährtinnen gefunden, und Rosenblätter liegen wie zufällig auf den überfärbten Spitzendecken.*

Unten und rechts: *Vase und Inhalt als perfektes Duo – ein fliederfarbener Leuchter mit bläulich-rosa Rosen, eine blau-weiße Kugelvase mit einer Hortensie und ein angelaufenes Silberkännchen mit welkenden rosa Rosen. Pearl Barn beflügelt meine Kreativität. Hier habe ich meinen ersten »Fass-Strauß« gestaltet. Riesige und kleine Fässer, auf dem Boden oder auf hölzernen Sockeln, sorgen in jedem Fall für Aufsehen.*

Blumen sind für mich wie die Luft zum Atmen, und aus meinem Stil nicht wegzudenken. Weil frische Blumen in einer texanischen Kleinstadt nicht leicht zu bekommen sind, greife ich reichlich zu, wenn das Angebot gut ist. Besonders gern mag ich Lerchensporn, Rittersporn, Hortensien, Malven, Rosen, Rosen und noch mehr Rosen. Zum Füllen mogele ich gern auch Seidenblumen unter die Sträuße. Das Binden von Sträußen hat für mich etwas Meditatives, darum lasse ich mir viel Zeit. Den Ausgangspunkt bildet stets die Vase oder der Krug. Die Blumen dürfen während aller Lebensphasen stehen bleiben, auch mit welkenden, verknitterten oder abfallenden Blütenblättern. Nur hängende Köpfe sortiere ich aus. Sträuße in Holzfässern sind ein Blickfang mit Wow-Effekt, verschlingen aber enorme Mengen an Blumen. Ich lege die Fässer mit Plastikfolie aus, fülle sie mit Steckschaumblöcken und stecke so viele echte und künstliche Blumen hinein, bis genau die richtige unperfekte, großzügige Üppigkeit erreicht ist.

Nächste Seite: *Dieses hinreißendes Stück steht mitten auf einer Wiese und wartet darauf, als Rahmen für ein Hochzeitsfoto oder ein ähnliches Motiv zu dienen. Der alte, geschnitzte Türrahmen hat eine weite Reise hinter sich. Gekauft habe ihn auf dem Shepton Mallet-Flohmarkt in England, dann kam er per Schiff nach Los Angeles und per Lastwagen nach Texas. Genau wie ich hätte sich dieses würdevoll gealterte Stück wohl nie träumen lassen, einmal im Wilden Westen zu landen – und doch gehört der Türrahmen jetzt hierher und begeistert jeden, der ihn sieht.*

THE PRAIRIE

BY RACHEL ASHWELL

Vorige Seiten: Dannys rostiger Pickup fährt nicht mehr, aber er gehört zu den Lieblings-Fotomotiven der Gäste. Manchmal steht er einfach »au naturel« da, manchmal putzen wir ihn mit hübschen Blümchenstoffen fein heraus. Ein anderes beliebtes Requisit ist der Holzbogen aus einem Zirkus. Wenn er nicht benutzt wird, lehnt er lässig an einer Wand der Rangers Lounge und dient mit seinem grafischen Muster als Dekoration. Unser handgeschriebenes blaues Logo bringt Schlichtheit und lässigen Chic auf stimmige Weise in Einklang.

Links und rechts: Ganz in der Nähe von The Prairie liegt eine winzige Kirche. Für mich ist sie ein kleines Heiligtum, und ich schaue jedes Mal vorbei, wenn ich in der Stadt bin, um einen Schwatz über das Wetter – meist den fehlenden Regen – zu halten. Für mich wäre dies die ideale Kirche für eine Hochzeit.

Links, unten und unten rechts: *Mit dem Hochzeitskleid und dem Schleier habe ich das Fenster der Kirche geschmückt. Wenn ich religiöse Kunstwerke in »meinen« Farben zu akzeptablen Preisen finde, greife ich oft zu – wie bei dem kleinen Altar, den ich mit weichen Samtrosen und lässig gebundenen Schleifen aus recycelten Bändern dekoriert habe. Ein üppiger Rosenstrauß in einem Krug sieht überall gut aus.*

Die Kirche ist klein, aber stolz – und offen für jedermann. Es gibt vieles, was ich an ihr mag: ihre Lage an der Straße, die wettergegerbte Fassade und das verblüffend eklektische Innere mit dem Mischmasch aus Gipsheiligen und religiösen Bildern, die vermutlich im Lauf der Zeit gespendet wurden. Die kleine, bescheidene Kirche mit Sitzplätzen für höchstens 20 Personen wird von unsichtbaren Händen liebevoll in Schuss gehalten. Für mich strahlt sie eine wunderbar stille Spiritualität aus. Wegen der Hitze und der einfacheren Pflege ist sie normalerweise mit künstlichen Blumen geschmückt. Für dieses Foto habe ich sie mit größtem Respekt mit selbst mitgebrachten frischen Blumen und einigen anderen Kleinigkeiten dekoriert, um ihren bezaubernden Charakter noch zu betonen.

Nächste und folgende Seiten: *Im Inneren der Kirche gibt es viele Details zu entdecken, die meisten vermutlich Spenden: Kruzifixe und Gipsheilige, aber auch ein kleiner Putto über dem Fenster, der einen Rosenkranz hält. Das Vaterunser in blassblauer Schönschrift ist besonders sehenswert. Dreht man dem Altar den Rücken zu, kann man es rechts neben der Tür lesen, während links und oberhalb moderne Madonnenbilder zu sehen sind. Manchmal versuche ich mir die grundverschiedenen Personen vorzustellen, von denen diese Spenden stammen könnten.*

The Lord's Prayer

Our Father Who Art In Heaven,
Hallowed Be Thy Name,
Thy Kingdom Come,
Thy Will Be Done On Earth,
As It Is In Heaven,
Give Us This Day Our Daily Bread,
And Forgive Us Our Trespasses,
As We Forgive Those Who Trespass Against Us,
And Lead Us Not Into Temptation,
But Deliver Us From Evil,
For Thine Is The Kingdom And,
The Power, And The Glory For Ever,
Amen,

Calvin Tuberville   Camden, Ark.

ZAUBERHAFTE MOMENTE 155

Das Wetter in Texas ist unberechenbar. Weihnachten kann es 30 Grad heiß sein – oder der Frost kann die Rohre sprengen. Mit den traditionellen Weihnachtsfarben Rot und Grün tue ich mich hier schwer. Wir haben aber auch über Weihnachten Gäste, darum ist es mir wichtig, The Prairie für sie und unsere Mitarbeiter festlich zu dekorieren – allerdings in meiner Interpretation: sanft, verblichen und verwaschen, mit Andeutungen von Glanz und Glitzer in den zarten Nuancen von Rosa, Silber, Blassgold und ganz wenig Blau.

Der Kunst-Tannenbaum in Perlmuttrosa begeistert alle. Als Star der Dekoration erhebt er sich über andere Kleinigkeiten, und die zarten Glaskugeln sind wahre Schätze. Ich habe an heißen Hochsommertagen viele Stunden damit zugebracht, in modrigen Kartons auf Flohmärkten nach schönem Weihnachtsschmuck zu stöbern. Ich weiß ja, dass es ihn gibt – man muss nur genug Geduld und Leidenschaft aufbringen, um ihn zu finden.

Mir gefällt der Gedanke, dass all diese Stücke schon anderen Menschen etwas bedeutet haben, und dass ihnen die Aufregung und Spannung vieler vergangener Weihnachtsfeste anhaftet.

Gegenüber und oben: Der prächtige rosa Tannenbaum spielt die Hauptrolle auf dem kleinen Tischchen. Rundherum glänzt und glitzert es. Das Kuhfell auf dem Boden hat silbrige Flecken, die Kronleuchter glitzern, die Kugeln schimmern, und in hübschen Krügen drängen sich Blumen in Rosa, Hellblau und hellem Lila. Bänder und Schleifen aus meiner Schatzkiste runden das Stillleben ab. Die türkisfarbene Glasflasche war ein Glücksgriff.

Ganz oben, oben und rechts: *Zwischen Massen von Tannenbaumkugeln in Rot und Grün suche ich nach Schätzen. Flieder ist nicht gerade eine Weihnachtsfarbe, aber die wenigen fliederfarbenen Kugeln, die ich ergattert habe, liebe ich sehr. Auch die Kugel in Hellrosa und Silber ist sehr edel. Gemalte Blumenmotive in meiner Farbpalette finde ich nur sehr selten.*

Im Uhrzeigersinn von links: *Hellblau, weiß, silbrig und nicht ganz symmetrisch – schlicht und dennoch ungewöhnlich; rosa Schönheit mit Perlen; noch ein Glücksfund in Flieder; eine satinierte Glocke mit Rosendekor – davon würde ich Dutzende kaufen, wenn ich sie fände.*

Vier Krüge mit göttlichen Blumen in verschiedenen Lebensphasen, aber alle gleichermaßen schön, strahlen auf dem Kaminsims leicht morbide Pracht aus. Der Strauß im großen Krug ist asymmetrisch, weil er sich der Form der Tülle anpasst. Im Hintergrund tritt ein kleines Ölgemälde – Öl auf Holz – in Dialog mit den frischen Blumen. Die Nikolausstiefel sind aus Stoffresten meiner Vorjahreskollektion genäht, und der kleine Silbervogel ist ein Rohling aus dem Bastelladen, den ich mit Glitzer veredelt und mit einer fliederfarbenen Schleife und einer Stoffrose dekoriert habe.

In Würde gealtert und nicht zu perfekt

Nur in Texas … und nur in Round Top und den umliegenden Kleinstädten gibt es einen Flohmarkt von über 20 Hektar Größe, der mit Tausenden von Ständen Zehntausende von Beutesuchern anzieht. Ich habe viele Flohmärkte in Europa und den USA besucht, aber nirgends etwas Vergleichbares gefunden. Hier finde ich Schätze für mein Zuhause und für meine Läden, aber auch neue Ideen für meine Arbeit als Designerin – und ich genieße die Großherzigkeit und Herzlichkeit der Texaner.

Das Antik-Event, das vor rund 40 Jahren in Round Top begann, erstreckt sich jetzt über viele benachbarte Kleinstädte am Highway 237. Während der Antik- und Flohmarktwochen haben die Städte an verschiedenen Tagen »geöffnet«. Wenn ein Gebiet die Tore schließt, eröffnet ein anderes – vielleicht mit Schätzen, die man vorher schon woanders gesehen hat. Die Flohmärkte haben der kleinen Gemeinde viel Ruhm eingetragen. Leute aus Houston und Austin haben hier ihren Zweitwohnsitz, darum trifft man hier Händler und Käufer aus der Region und andere, die von weither anreisen. Fast jeder ist nach bestimmten Dingen auf der Suche, aber kaum jemand reist ab, ohne die berühmte Marburger Farm Antique Show besucht zu haben. Dort gibt es viele schöne und sorgsam ausgewählte Schätze und immer noch lohnende Schnäppchen.

Oben links und rechts: *Jedes einzelne Stück in meinen Läden nehme ich persönlich in Augenschein. Ein interessantes Kleidungsstück von Magnolia Pearl, aus gutem Grund eine der Attraktionen auf der Marburger Farm Antique Show.*

Rechts: *Das Texas-Schild über dem Eingang zur Marburger begrüßt uns. Wir warten auf das Hornsignal um 10 Uhr, dann kann die Jagd beginnen. Später ist das Gelände ein beliebter Treffpunkt.*

Diese Einkaufstouren sind aufregend und anstrengend. Es geht in der Morgendämmerung los – und dann nonstop weiter. Man muss sich um Lieferung oder Abholung kümmern. Notizbücher, Fotos von Ständen und Aufkleber sind hilfreich, um später den richtigen Ort zur Abholung wieder zu finden. Ich verlasse mich beim Einkauf hauptsächlich auf meinen Blick und mein Gefühl, weniger auf Marken oder Namensschilder, die oft nur den Preis in die Höhe treiben. Ich suche, ich sortiere aus – und bin letztlich immer Designerin. Die Malen-nach-Zahlen-Pferdeporträts sind ein gutes Beispiel dafür, dass des einen Müll des anderen Schatz sein kann. Der angerostete rosa Metallleuchter wird vielleicht verkabelt – vielleicht auch mit Kerzen bestückt.

Vorige Seiten: *Die zauberhaften kleinen Schirme blieben von Lampen übrig, die ich gekauft habe. Das Horten liegt mir fern, ich bin eine selektive Sammlerin. Der rosa Schirm mit dem Plüschbesatz ist einfach hinreißend. Die blauen sind aus Plastik und tragen keinen großen Namen, aber das tut ihrem Charme keinen Abbruch. Sie werden sicherlich bald eine neue Chance bekommen. Tierpräparate, Schädel und Geweihe gehören zur texanischen Kultur. Ich integriere sie kurzerhand in meinen Stil, indem ich sie mit dekorativen Kleinigkeiten wie diesem Perlen-Amulett dekoriere.*

Links und rechts: *Schöne Beutestücke stapeln sich für meinem kleinen Laden in The Prairie, aber solange ich nicht aufgeräumt und alles gesichtet habe, steht nichts zum Verkauf. Der Anstrich der beiden Kommoden ist für meinen Geschmack genau richtig. Florentiner Möbel mit Golddetails gehören unbedingt zu meinem Stil. Ich mag sie, weil sie zierlich und zurückhaltend sind und mit ihrem dezenten Glanz dennoch Präsenz besitzen.*

Ich verbringe etwa drei Wochen auf den Märkten. Jeden Tag kaufe ich ein, sortiere und organisiere – den ganzen Tag lang. Ich kenne das Problem der Reizüberflutung aus Modegeschäften. Wenn es zu viel zu sehen gibt, nehme ich nur noch Jeans und Oberteile in Grau, Weiß und Beige wahr. Aber auf Flohmärkten blühe ich auf. Mein Blick bleibt hier und da hängen, und mein Gehirn komponiert Sinfonien. Wenn sich die Beute in The Prairie sammelt, zeige ich sie gern meinen Gästen, sodass sie die Hintergründe meiner Ästhetik erkennen und davon lernen können, wenn sie möchten. Das ist einer der Gründe, warum ich meine gesammelten Schätze für jeden sichtbar präsentiere.

Ganz sicher haben die Scharen der Antiquitätensucher den verschlafenen Kleinstädten finanziell und kulturell Aufwind verschafft. In den 1960er-Jahren zog es nur wenige Leute aus Houston hierher, die einen Zweitwohnsitz suchten. Einige Frauen interessierten sich für Kultur und schöne Dinge und luden Emma Lee Turney ein, eine kleine Antikmesse zu veranstalten. Im Oktober 1968 reiste sie mit einem roten LKW an, beladen mit einem riesigen antiken Kleiderschrank. So fing alles an. Emma Lees zupackende Art, eine ihr wohlgesonnene Gemeinde und jede Menge Leute, die Lust auf das Abenteuer aus Verkaufen und Kaufen hatten, trieben die Sache voran. Emma Lee ist jetzt über 80, aber immer noch die Grande Dame des Round Top Antikmarktes. Kürzlich wurde ihr und ihrem unerschütterlichen Humor zu Ehren eine Party unter dem Motto »Nerze, Martinis und ziemlich viel Mist« veranstaltet.

Ich komme seit über zehn Jahren hierher und habe noch immer Schmetterlinge im Bauch, wenn ich mich einem vielversprechenden Stand nähere. Ich gehe ganz systematisch vor. In der ersten Woche beginne ich in der kleinen Nachbarstadt Warrenton mit dem Durchkämmen von alten Traktorenteilen und Landwirtschaftsgeräten und hoffe, einen derben Tisch mit wackligen, aber reparablen Beinen und charmant abblätternder Farbe zu finden. Dann arbeite ich mich Wiese für Wiese in Richtung Round Top vor. Es ist ungemein befriedigend, beim Stöbern ganz unten in modrigen Pappkartons verborgene Schätze zu entdecken. Allmählich werden aus den Flohmärkten Antik-Stände mit edleren Stücken, die so liebevoll wie in einem Londoner oder Pariser Antiquitätengeschäft präsentiert werden – nur dass im Hintergrund nicht klassische Musik erklingt, sondern Country Music.

Gegenüber und oben: *Ich fühle mich früh morgens im großen Einkaufstrubel am wohlsten. Dann lasse ich den Blick über ein Meer aus Trödel schweifen und denke an die Flohmarktbesuche meiner Kindheit, als ich nach Büchern und alten Puppen suchte. Ich taste Geschirr mit den Fingern auf Risse und Sprünge ab, weil mein Tastsinn zuverlässiger ist als meine Augen. Hier ist ein Schmuckstück, eine Terrine mit zarten Blumen in Flieder. Sie wird einen Ehrenplatz in meiner Geschirrsammlung bekommen.*

Im Uhrzeigersinn von oben: *Ein kleiner Krug, durch dessen abgeschabte Glasur es silbrig schimmert; eine Vase mit Rosenrelief und genau der richtigen Dosis Kitsch; eine blassrote Glasschale mit Fuß für den Alltagsgebrauch; ein Rosendöschen mit Deckel, leicht zu finden und für allerlei zu gebrauchen.*

Im Uhrzeigersinn von oben: Wahrscheinlich werde ich den Krug des wunderbaren Waschgeschirrs für Blumen verwenden und die Schale für Obst; ein robustes Glas in Violett; ein winziges Kännchen mit Golddekor; eine reich verschnörkelte Terrine mit spanischem Flair.

Die Flohmarktwochen werden in der Nachbarstadt Warrenton eröffnet – mit einer riesigen Zahl von Zelten und Ständen. Dort beginne ich meine Jagd, aber ich gehe viele Wege mehrmals, um sicher zu sein, dass ich beim ersten oder zweiten Besuch nichts Großartiges übersehen habe. Unterwegs ordne ich die Funde in Kategorien: Geschirr, Textilien, bemalte Möbel und so weiter. Dabei muss ich überlegen, was sich in meinen Läden verkaufen lässt, was ich für The Prairie benötige und was ich einfach für mich selbst mitnehmen

muss. Mein Ziel ist, in diesen drei Wochen einen 50-Fuß-Container zu füllen. Das ist eine Herausforderung, aber ich bin ziemlich geübt darin, in dem Meer aus Dingen, die andere Leute aussortiert haben, ein rettenswertes Kleinod zu finden oder etwas zu entdecken, das sich gut in ein größeres Bild einfügt, sodass es eine neue Lebenschance bekommt und noch einmal geschätzt und gewürdigt wird.

Oben links und rechts: *Die berühmte Nadel im Heuhaufen. Beim ersten Rundgang bleibt mein Blick an den größeren Stücken hängen. Kleine Schätze sind aber ebenso wertvoll, und man muss genau hinschauen, um sie nicht zu übersehen. Das gilt übrigens auch im wirklichen Leben.*

Hier begutachte ich ein Stück von einem Stand mit ausgesuchteren Waren. Der Händler hat sich mit Suche und Präsentation viel Mühe gegeben, was sich berechtigterweise im Preis niederschlägt. Die richtigen Leuchten sind in meinem Stil ein wichtiges Element. Mir gefallen verschiedene Materialien – Glas, abgestoßenes Holz, Marmor und Metall. Im Hinblick auf Qualität und Detailverarbeitung können moderne Leuchten mit alten Stücken oft nicht mithalten. Meist ist es mir nicht wichtig, ein komplettes Paar zu finden, manchmal gefällt mir ein Mix sogar besser. Große alte Lampen sind schwieriger zu finden, darum greife ich schnell zu, weil sie schöne Proportionen für ein Wohnzimmer haben. Bevor sie verkauft werden können, gibt es einiges zu tun: säubern, neue Kabel (am liebsten mit Kordel-Ummantelung), Schirmgestell anbringen und Facetten oder Anhänger ersetzen. Ich bin erst zufrieden, wenn das Ergebnis wirklich zauberhaft ist.

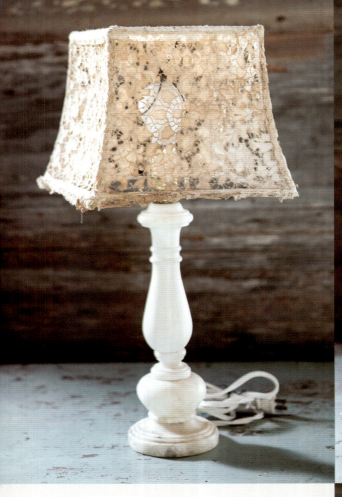

Der Spitzenschirm stand Pate für eine ganz neue Serie, die jetzt in meinen Läden zu haben ist. Der Lampenfuß mit den Blumenmotiven passt perfekt zum Rüschenschirm im 50er-Jahre-Stil. Es ist eine Kunst für sich, zu einem Lampenfuß den passenden Schirm zu finden.

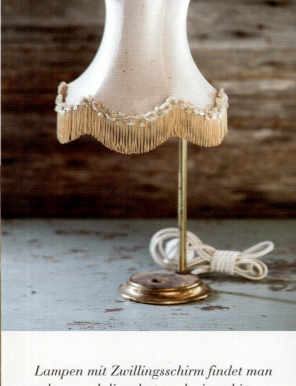

Lampen mit Zwillingsschirm findet man selten, und diese hat auch einen hinreißenden Fuß. Ein edler Messingfuß mit asymmetrischem Schirm – perfekt. Ein glamouröses Modell mit Glasfacetten und einem satinierten Schirm in Tulpenform.

Die Leuchte mit Kristallfuß und Seidenschirm mit Plüschbesätzen ist wie geschaffen für ein Boudoir. Eine zierliche Schönheit mit Tüllrüschen am Schirm. Die Leuchte mit dem hohen Tulpenglas war vermutlich in einem früheren Leben ein Kerzenhalter. Mattrosa Glasfuß und Messingschaft – fast schon kitschig.

182 In Würde gealtert und nicht zu perfekt

Vorige Seiten: *Dies ist ein Stand auf der Marburger Show. Mit den Jahren haben wir alle unsere Lieblingshändler gefunden, bei denen wir mit großer Sicherheit Jagderfolg haben. Hier finde ich immer etwas, das mir gefällt – mal eine Seidenblume, mal einen Kleiderschrank mit abblätterndem Anstrich. Spezialitäten dieses Händlers sind religiöse Kunst und Stücke in Rosa, Weiß und Blassblau – genau meinen Farben.*

Oben und oben rechts: *Wenn ich auf Einkaufstour bin, teile ich meine Entdeckungen gern per Instagram, damit Interessierte meine Überlegungen nachvollziehen können. Das hilft auch mir, das Kundeninteresse an meinen Funden einzuschätzen. Ich kaufe nicht alles, aber beim Nachdenken kommen mir oft Ideen. Mir gefiel diese Dame, auch die Farben sind richtig, aber der Preis war mir zu hoch. Hätte ich sie gekauft, wäre sie Teil meiner Sammlung von Bildern mit verschiedenen Motiven in ähnlichen Farben geworden. Vielleicht ist sie beim nächsten Besuch noch da.*

Gegenüber: *Nach Puppenhäusern halte ich immer die Augen offen. Dieses französische Exemplar war schon verkauft, als ich es entdeckte. Wahrscheinlich wäre es mir zu teuer gewesen, aber es hat Freude gemacht, es ein Weilchen zu bewundern. Ich werde oft gebeten, nach Büchern zu schauen, die zur Dekoration in Regale gestellt werden sollen. Das fällt mir schwer, denn mein Vater war Antiquar und fand den Inhalt immer wichtiger als den Einband. Aber ich beginne, Bücher auch als Kunstwerke zu betrachten. Diese gefallen mir sehr gut.*

Das Markttreiben besitzt eine enorme Dynamik. Ich erwarte die Antikwochen immer mit Ungeduld, aber gegen Ende der Zeit steht mir der Sinn nur nach einem knackigen Salat und viel Ruhe. Im Lone Star BBQ, wo es Pulled Pork, Burger, Bohnen und Bier gibt, lege ich gern eine Pause ein, um mit anderen Marktbesuchern zu plaudern oder einfach einen Augenblick auszuruhen. Der träge-gedehnte Dialekt der Texaner ist vermutlich eine Reaktion auf die Hitze. Bei über 30 Grad kann man einfach nichts schnell tun. Normalerweise spielt im Hintergrund ein Radio traurige Country-Songs, für die ich eine Schwäche habe. Einmal bin ich hierher geflüchtet, um dem Regen zu entgehen und eine knackende Willie-Nelson-Platte zu hören: »On the Road again«. In solchen Momenten bleibt die Zeit stehen und im Leben stimmt einfach alles. Mit den Jahren sind Freundschaften entstanden. Das wundert mich nicht, denn viele von uns unternehmen zweimal im Jahr diese Pilgerfahrt zu den texanischen Märkten, alle besessen vom Jagdfieber und der Freude, alten Stücken eine zweite Chance zu geben. Mit den Junk Gypsies – Jolie, Amie, Janie, Phil, Indie und Cash Baker – bin ich seit Jahren gut befreundet. Sie wohnen als Familie mit mehreren Generationen zusammen und reisen durchs Land, um Schätze zu finden, die andere aussortiert haben.

Gegenüber, oben und rechts: *Gutes Essen, gute Freunde und Schattenplätze für Atempausen – auch das ist Round Top Texas. Bei der Hitze muss man viel Wasser trinken, aber Toiletten sind eher rar gesät. Die Damen aus Dallas sehen auch bei größter Hitze immer chic und gepflegt aus. Ich gehöre zur anderen Fraktion, die schnell ins Schwitzen kommt.*

Nächste Seite: *Am Ende der Einkaufstour habe ich eine Menge Schätze zusammengetragen, die verteilt werden müssen – und ein paar erinnernswerte Momente erlebt. Ich bin stolz auf den einzigartigen Nachschub für meine Läden, schaue mir die windschiefen, wackligen und rissigen – aber vollauf benutzbaren – Stücke noch einmal an und reise glücklich und zufrieden ab. Ich weiß ja, dass in sechs Monaten alles von vorn beginnt.*

Adressen

www.theprairiebyrachelashwell.com
www.rachelashwellshabbychiccouture.com (rassc.net)

RESTAURANTS
Royers Round Top Café, www.royerscafe.com,
105 Main Street Round Top, TX 78954,
Tel: 979-249-3611
Royers Pie Haven, www.royerspiehaven.com,
190 Henkel Square RD Round Top, TX 78954,
Tel: 979-249-5282
The Stone Cellar, www.stonecellarwines.com,
204 E Mill Street Round Top, TX 78954,
Tel: 979-249-3390
Scotty and Friends, www.scottyandfriends.com,
109 Bauer-Rummel Road, Round Top, TX 78954,
Tel: 979-249-5512
The Oaks, www.oaksfamilyrestaurant.com,
5507 Highway 237, Warrenton, TX 78954,
Tel: 979-249-5909
JW Steakhouse, www.jw-steakhouse.com,
122 S. Haupstrasse Street, Carmine, TX 78932,
Tel: 979-278-4240
Los Patrones, www.lospatronesroundtop.com,
102 S Washington Street, Round Top, TX 78954,
Tel: 979-249-5696
Volare, www.volareitalianrestaurant.com,
102 S Ross Street, Brenham, TX 77833,
Tel: 979-836-1514
The Back Porch BBQ, www.thebackporchbbq.com,
1602 N Jefferson, La Grange, TX 78945,
Tel: 979-968-1580
Bistro 108, www.bistro108.com, 108 S. Main Street,
La Grange, TX 78945, Tel: 979-968-9108

EINKAUFEN
Rachel Ashwell Shabby Chic Couture @ The Prairie, 5808 Wagner Road, Round Top, TX 78954,
Tel: 979-836-6907
The Round Top Mercantile,
www.roundtopmercantile.com,
438 N Washington Street, Round Top, TX 78954,
Tel: 979-249-3117
The Shops in Henkel Square,
www.henkelsquareroundtop.com
201 N. Live Oak Street, Round Top, TX 78954,
Tel: 979-249-5840
Bybee Square, www.bybeesquare.com,
Corner of Live Oak and E Mill Street, Round Top,
TX 78954
The Gallery at Round Top,
www.thegalleryatroundtop.com
203 E Austin Street, Round Top, TX 78954,
Tel: 979-249-4119
The Junk Gypsies, gypsyville.com,
Tel: 979-249-5865
Lizzie Lou, 107 Main Street, Round Top,
TX 78954, Tel: 832-372-7217

SEHENSWERTES
Antique Festivals
www.roundtop.org/antique_show_info.php
Marburger Farm Antique Show
www.roundtop-marburger.com
Round Top Family Library, ilovetoread.org,
206 W. Mill Street, Round Top, TX 78954,
Tel: 979-249-2700
Festival Hill, festivalhill.org, The James Dick
Foundation for the Performing Arts, 248 Jaster
Road, Round Top, TX 78954, tel: 979-249-3129
Shakespeare at Winedale, www.utexas.edu/cola/
progs/winedale, 208 West 21st Street, Stop B5000,
Austin, TX 78712, tel: 512-471-4726
Rohan Meadery, www.rohanmeadery.com,
6002 Farm to Market 2981, La Grange, TX
78945, tel: 979-249-5652
Blue Bell Creamery, bluebell.com, 1101 S Blue
Bell Rd, Brenham, TX 77833, tel: 800-327-8135
Chicken Ranch Dance Hall,
www.chickenranchdancehall.com, 9014 FM 2145,
Ledbetter, TX 78946, tel: 979-966-8033
Round Top Chamber of Commerce,
www.roundtop.org, 205 N Live Oak St, Round Top,
TX 78954, tel: 979-249-4042
Texas Quilting Museum,
www.texasquiltmuseum.org, 140 W. Colorado
Street, La Grange, TX 78945, tel: 979-968-3104,

WEITERE ADRESSEN
Rachel Ashwell Shabby Chic Couture,
1013 Montana Avenue, Santa Monica, CA 90403,
tel: 310-394-1975, Mon–Sat 10am–6pm,
Sun 12pm–5pm, email: scsm@shabbychic.com
Rachel Ashwell Shabby Chic Couture, 117 Mercer
Street, New York, NY 10012, tel: 212-334-3500,
Mon–Sat 11am–7pm, Sun 12pm–6pm,
email: scny@shabbychic.com
Rachel Ashwell Shabby Chic Couture,
3095 Sacramento Street, San Francisco, CA 94115
tel: 415-929-2990, Mon–Sat 10am–6pm,
Sun 12pm–5pm, email: scsf@shabbychic.com
Rachel Ashwell Shabby Chic Couture,
202 Kensington Park Road, London W11 NR,
tel: 011-207-792-9022, Mon–Sat 10am–6pm,
Sun 12pm–5pm, email: scln@shabbychic.com

Bennison Fabrics: www.bennisonfabrics.com
Farrow and Ball Paint: www.us.farrow-ball.com

Register

Antik-Märkte 7, 83, 162, 165, 170–187
Badezimmer
　Blue Bonnet Barn 50–51
　Cornflower Cottage 66–67
　Faith Cottage 60–61
　Flohmarkt 184–185
　Liliput Lodge 26, 28, 40–41
　Meadow Manor 80–81
　Toilettenhäuschen 120–121
Beleuchtung
　kaufen 176–179
　Lampenschirme 36, 49, 60, 66, 166, 168, 178–179
　Stehlampe 84
　Wandleuchte 165
　siehe auch Kronleuchter
Blaues Zimmer 34–39
Blue Bonnet Barn 10, 46–55
Blumen 17, 22, 46, 50, 94, 110–111, 126, 135–138, 147, 158–159
Bücher 17, 182–83
Cedar Creek 7
Cornflower Cottage 10, 64–69
Diele 14
Durgen, Deb 56, 113
Empfangsbereich 90
Essplätze
　Liliput Lodge 18–21
　Pearl Barn 128–129
　Rangers Lounge 88, 90
Faith Cottage 11, 56–63
Familienzimmer 73
Fässer, Blumensträuße in 136–137
Feiern 90, 108–109, 110, 126
Flohmärkte 7, 83, 162, 165, 168, 170–187
Fußböden 56–57, 110
Geschirr 20, 77, 83, 94, 126, 129, 132–135, 171–173
Gewächshaus 116, 118, 119
Hochzeiten 26, 125–159
Jaeger, Dolly und Marvin 24
Junk Gypsy 56, 184, 185
Kirche 144–153
Kronleuchter 19–20, 26, 56, 66–67, 78, 108, 110, 113, 115, 128–129
Küche
　Liliput Lodge 22–23
　Meadow Manor 76–77
　Rangers Lounge 91–95
Kunst 41, 94, 97, 110, 112–113, 115, 164, 182
Las Casitas siehe Cornflower Cottage
Leinen 75, 132, 133
Lieblingsstücke 37, 84, 98, 99, 175

Liliput Lodge 7, 11, 12–43
Logo, The Prairie 37, 77, 142
Marburger Show 162–163, 182
Meadow Manor 11, 70–87
Meyer, Otto und Hedwig 7, 24–25
Möbel
　Florentiner 84, 116, 119, 168
　Gewachsene Äste 120, 122–123
　Stühle und Sessel 26–27, 128–129
Nebengebäude 46, 56, 64, 118–121
Partys 90, 108–109, 110, 126
Pearl 42, 54, 104, 117, 131, 142
Pergola 118, 120, 122–123
Petrovsky, Ramona 24
Petticoat-Kollektion 26, 37, 83
Pick-up (Auto) 140–143
Pinnwand 94, 96
Prudhomme, Lenore 7–8, 24, 26, 64, 72, 94
Puppenhäuser 182–183
Rangers Lounge 10, 68, 88–105
Recycling 60, 90, 94, 110, 155
religiöse Kunst 147, 180–181, 182
Requisiten 124, 126, 136, 139, 142, 144
Riebeling, Danny 7–8, 60, 64, 70, 94, 104, 110, 119, 130
Rosa Zimmer 30–33
Round Top 7, 83, 162, 165, 170–187
Schablonen 56–57, 113–115
Schlafzimmer
　Blue Bonnet Barn 48–49
　Cornflower Cottage 64–65
　Faith Cottage 56, 58–60
　Liliput Lodge 12–13, 26, 30–33, 34–39
　Meadow Manor 78–79, 82–83
　Rangers Lounge 102–103
Seabury Suite 12–13, 26
Shabby Chic Couture 103, 118, 119
Shabby Chic Couture, Laden 10, 84, 103, 118, 168, 186–187
Souvenirs 118, 119
Spiegel 26, 49, 58
Stil, typischer 8, 9, 26, 46, 50, 119, 155
Tapeten 56, 60, 73, 80, 83, 110
Texas
　Architektur 14
　Liebe zu 7, 8, 54
　Schatzsuche 162
The Outpost 7
The Pearl Barn 106–115, 128–129, 136–37

The Prairie by Rachel Ashwell 7, 8, 10–11
Tierpräparate 17, 74, 88, 89, 167, 168
Tierschädel 167, 168
Turney, Emma Lee 170
Türrahmen 136, 139
Übersichtskarte, The Prairie 10–11
Vasen 135–137
Veranda
　Blue Bonnet Barn 44–45
　Liliput Lodge 42–43
　Meadow Manor 86–87
　Rangers Lounge 90
Warrenton 171, 174
Wäsche 22–23, 52, 62–63, 75
Weihnachten 154–159
Wohnzimmer
　Blue Bonnet Barn 46–47
　Liliput Lodge 16–17
　Meadow Manor 73, 84–85
　Rangers Lounge 98–100
Zirkus-Bogen 98, 142, 144

Danksagung

Es könnte The Prairie by Rachel Ashwell gar nicht geben, wenn The Outpost bei Cedar Creek nicht existiert hätte. Und auch nicht ohne Lenore Prudhomme und Danny Riebeling.

Die Renovierungen, die Logistik, die tägliche Instandhaltung und die Zukunftsträume – all das beginnt in meiner Fantasie, aber umgesetzt wird es von den Mitarbeitern vor Ort unter der Leitung von Jaimee Seabury. Ich möchte allen danken, die mit zum Erfolg des Projektes beigetragen haben, die eine Atmosphäre der Sorgfalt und der Liebe zum Detail geschaffen haben, die jeder Besucher spürt. Ein Gast schrieb kürzlich in unser Gästebuch: »The Prairie hat zweifellos dieselbe Postleitzahl wie das Paradies. Einfach zauberhaft.«

Einen herzlichen Dank an Amy und Andy für die hinreißenden Fotos, mit denen sie meine Ideen einem breiten Publikum nachvollziehbar machen. Dank auch an das Team bei CICO Books und Roger und Alex – dies ist schon unser drittes Buch, in dem wir gemeinsam ein bisschen Zauberei gewirkt haben.

Ich bin dankbar für die Poesie der Country-Musik, und für die Natur, die uns das Land schenkt, auf dem The Prairie steht. Dies ist eine wunderbare Reise.